Los locos mueren de viejos
Vanessa Núñez Handal

Vanessa Núñez Handal

LOS LOCOS MUEREN DE VIEJOS

Los locos mueren de viejos
Vanessa Núñez Handal

© Vanessa Núñez Handal
© Esta edición F&G Editores
Ilustración de portada: *Pubertad*, Edvard Munch (1894).

Impreso en Guatemala

F&G Editores
31 avenida "C" 5-54 zona 7,
Colonia Centro América
Guatemala
Telefax: (502) 2433 2361
informacion@fygeditores.com
www.fygeditores.com

ISBN: 978-99922-61-80-4

Guatemala, junio de 2008

El gran círculo se ha cerrado. En relación con la Sabiduría, la razón del hombre no era más que locura; en relación con la endeble sabiduría de los hombres, la Razón de Dios es arrebatada por el movimiento esencial de la Locura.

Michael Foucault,
*Historia de la locura
en la época clásica.*

I

Mamá tuvo siempre temor a la vejez y que con ella llegara el delirio. No le gustaban los viejos y le daba mucho miedo perder la belleza, sin darse cuenta de que hacía mucho no la tenía.

Estatura, siete punto cinco veces la cabeza.

Diez veces el rostro (desde el nacimiento del cabello hasta la barbilla).

Diez veces la mano.

Diecinueve veces el dedo cordial.

Treinta veces la nariz.

Siete veces el pie (visto de perfil).

La belleza no es más que la armonía de todas las partes que constituyen el cuerpo humano.

Siempre creí –o quizás fue mamá quien me lo hizo creer– que cuando joven fue más bella que yo. Tenía rituales de belleza que jamás compartió conmigo. Le daba vergüenza admitir que aún quedaba un dejo de coquetería en ella. Pero el deseo es lo primero que brota cuando la razón cede.

Mamá procuró reinventarse afinando su nariz con el dedo índice y pulgar, masajeándola suavemente hacia arriba. Una especie de cirugía plástica sin bisturí. Ella detestaba muchas cosas de sí misma, pero sobre todo el gran parecido que tenía conmigo.

A instancias de mamá practiqué ese ejercicio, pero no sirvió de nada. Todavía tengo una nariz horrible y un cutis que me hace parecer mayor.

A mamá también le molestaban mis labios. Decía que debía mantenerlos retraídos para disimular los rasgos desfavorables de la familia. (Años más tarde comprobaría que eran herencia de la abuela.) Era doloroso mantenerlos contraídos pues los dientes me lastimaban. Quizás me faltó constancia, y mamá no perdonaba esas cosas.

Cuando era niña mamá fue cariñosa conmigo. Acariciaba mi cabello, peinándolo despacio con sus dedos mientras decía que yo era su vida. Y a mí me gustaba quedarme dormida escuchándola entonar canciones de cuna de vírgenes que lavaban mientras sus bebés dormían. Cantaba durante horas, al tiempo que se balanceaba en la mecedora de la abuela y su voz se iba perdiendo en el letargo del sueño. La mayoría de las veces lograba dormirme, pero otras esperaba el ritual. Entonces examinaba las palmas de mis manos y dibujaba con el índice los lóbulos de mis orejas, quizás en un intento por encontrar algún rasgo que delatara mi locura, porque mamá creía que el delirio, al igual que las taras y las enfermedades, se heredaban por la sangre.

La locura se presentó en mí muchos años más tarde. Supongo que tío Alberto habrá tenido que ver. Él me robó una infancia que de todas formas no habría sido hermosa. Una niñez plagada de carencias y angustias, en la que yo no era más que el resultado de un error añejo, que pagué con soledad y amargura. Mamá me culpaba por su destino, y habrá creído que entregándome de esa forma resarciría los daños.

Durante mucho tiempo fui incapaz de atar los cabos de esa trama horrenda, quizás por miedo o por goce. Me resistía a aceptar que mamá hubiese sido capaz de arrojarme a ese abismo.

A María mamá la trataba como si no existiera. Era su forma de vengarse por indagar en el pasado escondido y preguntar por el destino de la abuela, a quien nunca conocimos. No había fotografías de ella en casa, y la primera vez que vi una fue el día después de que mamá murió. Me la entregaron con sus pertenencias en el asilo.

María se inclinaba por las noches sobre mí y me susurraba al oído que mamá guardaba pavorosos secretos en el ático. No me gustaba oírla porque eran cosas que yo no deseaba saber. Pero María siguió diciéndolo con insistencia, y un día comenzó a desaparecer de los álbumes fotográficos. Fue reemplazada por niñas menores, chiquillas que no crecerían nunca y que eran dóciles con mamá. María se convirtió así en un fantasma que sólo rondaba la casa cuando no había nadie.

A mamá le gustaba la obediencia y yo luchaba por ser buena. Creía en las abominaciones y escarmientos que inventaba para mí. Pero pronto descubrí que los rayos no caen por cometer pecados, sino por sofocar el alma hasta la muerte.

Mamá se molestaba cuando hablaba con María. Decía que no era correcto, que se veía mal. Que las personas iban a reírse de mí si se enteraban. María prometió hablarme únicamente cuando estuviéramos solas.

Mamá tenía temor de que repitiéramos sus pasos. Por eso se las ingenió para cortarnos las alas y pintarnos un mundo de peligros y gente mala. Terminó por enclaustrarnos. Estábamos muertas en vida. Pero María, contrario a mí, estaba lejos de resignarse.

Fue María quien inventó intercambiarnos el nombre. Éramos tan parecidas, dijo, que nuestra cara daba para eso. Y a mí me gustó. Me miraba al espejo y susurraba su nombre despacio, como si en cada letra depositara la vida, y eso hacía. Pero eso lo supe más tarde. Luego el espejo terminó también por ser domesticado por el miedo.

Hubo un tiempo en que creí ser feliz. María me llenaba la cabeza de historias fascinantes y dormía entonces con una sonrisa, creyendo en la existencia de formas para huir al destino que mamá había planeado a para mí. Pero luego, mamá me prohibió leer libros deshonestos y comentar las ideas que le parecían indecentes. Sin embargo, yo ya estaba envenenada y seguía leyendo bajo la cama, temiendo que mamá descubriera la pila de deseos arrugados bajo la alfombra y que siempre creí poder convertir en realidad. Apagaba entonces la luz y pensaba que todo estaría bien a la mañana siguiente. Nunca fue así.

II

Vivíamos en la vieja casa que mamá heredó de la abuela. Era inmensa y oscura. Tenía dos plantas y estaba ubicada en un barrio que otrora fuera exclusivo. La rodeaban verjas de hierro forjado, venidas a herrumbre y jardines mal cuidados, porque mamá no podía pagar un buen jardinero. Los techos y paredes se habían agrietado, y las tuberías rotas provocaban el desprendimiento del repello y la pintura.

Y aunque a mamá le dolía la pobreza, tenía claro que no sabía ganarse un centavo. Durante su juventud, interna en un instituto de monjas, recibió clases de piano, de bordado, de pintura y de etiqueta. Todo lo cual la preparó para ser el ama de casa que jamás sería. Ella, por su parte, jamás se preocupó hacer algo productivo, porque consideraba que trabajar era denigrante y ocupación de pobres. Decía que nada era peor que la pobreza sobrevenida, porque entonces se tenía conciencia de la desgracia y dolía más. Por eso se ingenió formas para sobrevivir, en su mayoría reprochables.

III

Debí tener siete años y medio el día en que la sirvienta mató a la gallina. Lo supe porque al volver de la escuela encontré sus plumas en los tragantes y su sangre aún fresca en el traspatio. Mamá había prometido que no sería sacrificada. La cuidé desde polluela. La había sacado el mago de la chistera, durante la fiesta de cumpleaños de Alejandra, quien vivía en la enorme casa de la esquina, cuyo jardín era llenado de globos y mesas con manteles de colores cada vez que cumplía años. Carros de helados y algodones eran llevados también, y yo disfrutaba atragantándome de dulces y sintiendo que la envidia me carcomía.

Jamás tuve una fiesta de cumpleaños. Mamá se limitaba a obsequiarme ropa y zapatos. Siempre cosas útiles, porque la abundancia, decía, hace a los niños derrochadores. Mamá había dicho entonces, para quedar bien con tía Alma, que podía quedarme con el polluelo, pero ya en casa pidió a la sirvienta que lo encerrara en el traspatio oscuro y húmedo. Yo lo llevaba a mi habitación cuando mamá salía. El animal me quería. Me seguía por la casa y se acurrucaba junto a mí cuando hacía frío. Él también percibía el miedo.

Tuve temor cuando comenzó a crecer, pero pensé que a lo mejor, si mamá veía que el animal era bueno, lo dejaría quedarse. Le hice ver que era limpio, que no hacía caca por los rincones y que sus plumas no volaban por todos lados. Tampoco tenía piojos. Pero mamá jamás lo quiso. Dijo que los animales de dos patas le causaban pánico, porque era cómo ver a un hombre mutilado de ambos brazos.

Ese día, al volver a casa, lo busqué en el traspatio. Pregunté a la sirvienta, quien fingió no escucharme, al tiempo que con un enorme cuchillo picaba la verdura. Subí a la habitación de mamá y la encontré recostada en su cama. Le dolía la cabeza, dijo como siempre que quería evadir la vida. Me pidió que me marchara, cerrara la puerta y no hiciera ruido. Bajé las escaleras a zancadas, revisé el jardín de rosales secos y el basurero, los tragantes y el traspatio abarrotado de ropa húmeda. Vi unas cuantas plumas y residuos de sangre en el resumidero, y finalmente encontré a la gallina en el congelador, aún tibia, desplumada, sin cabeza, con las patas arrancadas y el cogote aún sangrante. Irrumpí en la habitación de mamá y, alzando la voz, cuanto me fue posible, le reclamé haberle ordenado a la empleada que la matara. Se levantó de la cama y me encajó una bofetada en el rostro. "¿No sabes que los animales no tienen alma?", increpó con aspereza. No aparté la mirada, y le grité que destruía todo lo que yo amaba, como había hecho con la abuela. Mamá me tomó por los hombros y me sacudió. Que no volviera a repetirlo, me dijo fuera de sí, que nada sabía yo de eso. Pero María la había seguido. Mamá iba al asilo los martes.

Al día siguiente mamá me obligó a comer gallina en el almuerzo. Después vomité con fuerza. No volví a comer nada que tuviera alas. Tampoco soporto mirarlos. Mamá tenía razón: son hombres mutilados.

IV

Desperté de súbito. Sentí que alguien me observaba en la oscuridad. Escuché mi corazón latiendo con fuerza. Me incorporé, pero sabía que igual que otras veces, todo sería inútil. No era la primera vez que ocurría, sin embargo fue la única que recordé siempre con claridad. Una terrible sequedad en la garganta me impidió gritar. Tuve un violento escalofrío al sentir los muslos torpemente acariciados. Traté de retraer las piernas y cerrarlas, pero no pude. La misma fuerza que me sujetaba me haló lastimándome y haciéndome caer de espaldas sobre la almohada. Las oscuras paredes de la habitación se dejaron caer sobre mí. Nada había que pudiera resistir su peso. De nada valía tratar de escapar. Mi lucha era por aire, por no perecer ahogada bajo esa masa inmensa que me oprimía contra el colchón y contra mi conciencia. Quería abandonarme a un desmayo, pero la lucidez aumentaba. Podía verme con el rostro desfigurado, las manos crispadas, el vientre dolorido. Veía su cara siempre lejana tras la indiferencia, podía sentir su aliento y el esfuerzo abriendo mi carne, venciendo mis torciones y mis membranas. El dolor avanzaba y fui convirtiéndome en un animal acuático. Pequeñas escamas brotaron de mi piel. A mis costados se abrieron inmensas branquias de las que manaron sangre y agua. Mis manos se transformaron en aletas que nada pudieron asir, pero que debían servir para impulsar lejos mi cuerpo. Aquella carne me succionó y fue imposible escurrirme. Entonces los locos, las mujeres de pechos flojos y distendidos que siempre venían a mi encuentro, me dieron la mano. No tuve con qué apresarlas. Trataban de halarme, sacarme de ahí. Todo fue en vano. Grité. No de miedo, sino de dolor. Y la conciencia de lo malo, lo bueno, el amor y el odio, la locura y la cordura, convergieron sobre mí. También el pasado y el futuro, presente no había. Era una olla inmensa llena de oscuridad, y en ella se mezclaban mi nacimiento, mi muerte y mi sedición. Como un animal en celo involuntariamente comencé a retorcerme sobre aquella piel negra y brazos asfixiantes que me atraían hacia sí. Mi alma se dividió en dolor, placer y odio. Pude escucharme chillando de asfixia. Fui contorsionándome sucesiva, involuntariamente, como todo mi existir. Una y mil veces. Una y mil gotas. Fui niña, mujer, prostituta. Otra. El pecado descendió sobre mí, aplastándome. Y yo me dejé aplastar.

Sacudida por descargas que provenían de mi cuerpo, estallé en pedazos que cayeron bajo la cómoda, sobre el armario, lejos de mí. Ya no era posible reunirlos.

V

Veo hacia atrás y estas paredes no contienen mis recuerdos. Mi vida me invade igual que en aquel jardín donde hombres y mujeres deambulaban sin rumbo, sin destino ni conciencia de existir. Viviendo en su interior un pasado que, como a mí, les hirió el alma y carcomió la voluntad.

Dejé de existir desde esas noches de dolor y de miedo. La angustia fue una constante en mi vida, y mi alma se llenó de vergüenza y desesperación. ¿Cómo podría yo haber comprendido que el mal pudiera entrar en mi habitación, y que mamá fuera su cómplice? Más tarde supe que la traición termina por hacerse costumbre. Lo difícil es comenzar. Y mamá había comenzado hacía muchos años traicionando a la abuela.

Eran pasillos mal iluminados donde se agrupaban minúsculos recintos sin techo: por las claustrofóbicas, por las incendiarias, por las suicidas. Había pequeñas ventanas en la pared para que la celadora de turno pudiera observarnos de noche. Nos veía desnudas, vestirnos, dormidas. Había las que gozaban siendo observadas. Yo sólo sentía miedo. Por las noches escuchaba gemidos, susurros furiosos, alaridos, llantos quejumbrosos, hipidos, voces que me llenaban de pavor. Mataba entonces el tiempo de insomnio escribiendo.

Escribía cartas extensas que sabía que jamás llegarían a su destino, porque eran leídas antes de ser enviadas. Pero no me importaba, por primera vez sentía que estaba expresando mis pensamientos y no los que me eran impuestos. Ése era el beneficio que me otorgaba la locura. Mi única vía hacia la libertad.

Muchas de las cartas que escribí me fueron entregadas junto con mi ropa y mis pertenencias personales a la salida del asilo. Todas iban dirigidas a mamá. Cuando las releo aún puedo sentir a la niña herida que buscaba en ellas a la mujer que nunca pudo ser.

Asilo Santo Tomás. 14 de agosto.

Sólo pedía que respondieras mis preguntas y de haberlo hecho mi locura habría menguado. Qué difícil era curiosear sin ofender, porque las preguntas para ti llevaban siempre implícito un reproche.

Cuántas veces traté de acercarme, calculando el momento y tu estado de ánimo. No me interesaban las respuestas, sino estar al tanto tuyo. Para mí fuiste un rompecabezas con segmentos faltantes.

¿Te acuerdas que cuando niña me abrazaba a ti, la cabeza en tu pecho y preguntaba tu edad? Tú volteabas con esa mirada que aún hoy me

amedrenta. No se pregunta, decías. Es de mal gusto.

Y yo quería saber tu edad para imaginar los años que nos quedaban juntas. Me aterraba la idea de perderte, pero jamás creí que se podía estar vivas y tan alejadas, como si una de las dos hubiese muerto.

Mamá, yo te amaba y tú me amabas también. ¿En qué momento perdimos todo?

El tiempo perfecto eras tú en mi habitación tapizada de flores, fumando un cigarrillo en la ventana, mientras yo te observaba con letargo desde la alfombra. Ahí yo era niña y el mundo estaba tras las cortinas que descorrías por las mañanas para llevarme el desayuno a la cama. No había necesidad de escapar, lo tenía todo entre mis juegos, mis libros, la seguridad y tú. Porque en ese entonces te sentía mía. El mundo no existía. Y si lo hacía era en una dimensión diferente. En tus noches de ausencia, en tus llantos nocturnos.

Me era imposible imaginar la vida sin ti, por eso temía que faltaras. Por eso sufría cuando la sirvienta cantaba en el traspatio canciones de huérfanos y abandonados. Yo no, mamá, yo jamás me quedaría sola.

Recuerdo el día en el que por culpa de mi desorden tropezaste con un juguete y caíste al suelo. Lloré desconsolada porque la sola idea de hacerte daño me causaba angustia. Y, mira mamá, finalmente cuánto daño te he hecho.

Te agradará saber que al menos he estado durmiendo lo suficiente. Aquí tengo tiempo para hacerlo. Tiempo es lo que abunda, lo que jamás se acaba. Todos creen que transcurre pero no es cierto. Aquí los relojes están diseñados para simular su paso. Giran mil veces y si los observas con atención verás que no avanzan nunca. Los días son siempre iguales. Las noches son lo peor. Las simulan con cortinajes baratos, que a todos engañan, menos a mí. En este lugar todo está en mal estado. Los tapices son viejos y no combinan con las cortinas ni con las alfombras. Los pisos son sucios y sin brillo. Para ti eso sería imperdonable, y estoy segura de que al igual que yo, al ver que nadie se preocupa por ellos, te habrías puesto a limpiarlos. ¿Ves que no todo ha sido en vano?

Tuya siempre, María.

P.D.: Aquí insisten en llamarme Paula. ¿Podrías decirles que se equivocan?

VI

No quería siquiera que me tomaran en cuenta.
Me bastaba con que me dejaran mirar. Me quedaba quieta, sentada en el banco de la mesilla
donde la empleada almorzaba y que usaba como
tocador para pintarse las uñas.

Su habitación, situada al fondo de la casa
junto a la lavandería era minúscula, y la luz del
traspatio apenas se filtraba por una pequeña
ventana. Ahí, donde la humedad pudría todo a
sus anchas, la empleada recibía sus visitas a escondidas de mamá.

Era un suspiro al principio, después un largo
gemido, para terminar estallando en un grito
fenomenal que yo sabía falso. Pero al hombre
que se tañía firmemente de la cintura de la sirvienta, le daba lo mismo. Continuaban con el
crujir de resortes de la cama angosta, bajo la cual
se guardaban periódicos viejos, porque a mamá
le daba a veces por releerlos y buscar noticias
antiguas de las que ya nadie se acordaba. Acu-
mulaban polvo y bichos diminutos que picaban
a la doméstica por las noches. Los sentía igual

que a las manos atropelladas del sereno, quien desde hacía semanas se colaba en las noches por la puerta de servicio que ella dejaba sin llave, o por las mañanas cuando mamá decía que iba a hacer sus compras o a misa.

Daba igual si yo no iba a clases, porque estaba de vacaciones, por el día de la Raza, por la temperatura o por los vómitos de la noche anterior. Para que no dijera, nada me dejaban ver. Era mejor hacerme su cómplice que su juzgadora.

Yo me retorcía en silencio, sin traslucir sentimientos, las manos sobre las rodillas, las piernas en pose de señorita, los zapatos alineados, la espalda recta, la vista puesta en los dos amantes que casi se habían acostumbrado a mi presencia.

—Si vos le decís a mamá que voy donde Alejandra cuando ella no está, le cuento todo lo que hacés con el sereno —amenazaba a la sirvienta—.

—Ay, niña, las cosas que usted se pone a pensar —contestaba con su mejor sonrisa—, yo no tengo por qué decir nada.

Y nos tapábamos mutuamente las faltas a la moral que para mamá habrían sido imperdonables.

Frente al espejo de cuerpo entero yo practicaba los besos en la boca, los labios abiertos, la lengua asomándose y luego corría por kleenex para limpiar el huelgo y la baba en el vidrio.

Me examinaba entera. El vello oscuro en el pubis me excitaba. Me dolían los senos, y las axilas despedían el olor horrible que sólo había sentido en las sirvientas nuevas, antes de coger la costumbre de bañarse todos los días. Pero en cuanto oía ruidos en la escalera, corría a vestirme o a meterme a la bañera. Había que justificar mi desnudez ante mamá.

VII

Fue un sábado de diciembre cuando mamá acusó a la empleada de romper los platos de la vajilla. La empleada juró haberlos colocado en la vitrina de vidrios biselados y caoba oscura que mamá había heredado de la abuela, de la forma en que ella le había indicado: uno detrás del otro y con el motivo azul y blanco hacia el frente. Dijo haberse acostado a medianoche luego de planchar, pero que al oír ruidos en la casa había sentido miedo y había apagado las luces. Mamá le dijo que la loza era cara, pero no era cierto. La había comprado en un almacén sin prestigio del centro. Le dio dinero y le pidió que se marchara de inmediato sin comentar el hecho con nadie. Sentí pena por la mujer, había sido buena conmigo. A María en cambio nunca la quiso. Le tenía miedo. María la amenazaba con decir a mamá que se robaba el vuelto de la tienda y las tortillas. Se divertía asustándola, especialmente cuando estábamos solas en casa.

María hacía cosas extrañas. Revisaba los cajones del cuarto de mamá hasta encontrar pequeñas pistas sobre la abuela, como la carta donde avisaban de su muerte. María poseía la capacidad de suprimir su existencia a voluntad y de ver pasar la vida sin que ésta pudiera tocarla. Una cualidad que habría deseado para mí, y que jamás logré aprender. Me daba miedo mirarme al espejo, sobre todo cuando estaba oscuro. Mi rostro se transformaba de a poco en el de María, y ella reía a carcajadas. Otras veces sin embargo, María lloraba de rabia porque no podía escapar. Ella habría querido ser la dueña de este cuerpo convulso.

María sabía de mi angustia. Por eso, poquito a poco, fue fraguando un plan para liberarme de las sombras que me acosaban. Decía que era cuestión de paciencia, que estaba segura de que llegaría la hora de poder vengarnos. María se apropiaba del odio que yo desechaba por temor a que llegase a ser evidente, y que mamá pidiera explicaciones que yo no podría dar.

VIII

Me gustaba caminar por la calle del asilo, albergado en una casa antigua y blanqueada. Aunque no tenía un rótulo, todos sabían lo que era. No era posible mirar hacia el interior de la casa inmensa, de rejas fuertes y ventanas altas, porque anchas persianas impedían la vista. Las ventanas lucían sucias, curtidas por el tiempo y el agua. Un gigantesco portón de hierro de dos hojas, por donde en una ocasión yo había visto entrar a una ambulancia, daba a un jardín frontal cultivado de claveles donde jamás se veían viejos tomando el sol. Una vez le pregunté a mamá la razón, y me contestó que no dejaban salir a los ancianos por temor a que escaparan. Han perdido la cordura y no sabrán regresar, dijo. Le pregunté entonces si todos los viejos se volvían locos, y me reprendió por usar una palabra que le parecía grotesca. Le dije que yo no llegaría a vieja, porque me daba miedo enloquecer, que prefería morir joven. Mamá me miró con ojos inmensos, como queriendo decir algo, pero las palabras se le atoraron en la garganta. Desde ese día me prohibió hablar de viejos o de locura, y me ordenó no pensar en el asilo. Para mamá el silencio era el gran borrador del miedo.

Pero yo seguí cruzando la calle del asilo, que era paralela a la nuestra. Y, aunque no era la ruta más corta para volver del colegio, la prefería ya que el lugar ejercía un atractivo irresistible sobre mí.

IX

Mamá mirándose al espejo, con peinado alto y los labios pintados. Un vestido de talle angosto, escote de fiesta, comprado durante su viaje a New York. Joyería. Las uñas pintadas de rosa viejo. Yo vistiendo un traje de lino claro y el cabello recogido en una *topsytail*. Mamá y yo cruzándonos la calle oscura. Mamá cargando un regalo. Carros elegantes frente a la casa de Alejandra. Luces iluminando la casa, adentro risas y barullo de gente. El timbre sonando. La alegría y la música que salta a la calle invadiéndome. La empleada, de uniforme oscuro y delantal almidonado abriéndonos la puerta. Tía Alma recibiéndonos en el pequeño vestíbulo que da acceso a una sala inmensa. Nos da un beso, nos invita a pasar. La casa repleta de gente, hombres y mujeres charlando en la sala, en el comedor, en la terraza. Mamá acercándose a un grupo, me obliga a dar besos a extraños. Dicen que estoy muy grande, que me parezco a ella. Me acarician la cabeza como a una mascota. Mamá sonriendo inquieta, y aceptando un trago que le lleva un mesero de camisa blanca y el rostro impávido. Alejandra me llama. Me dice que vayamos a jugar a su cuarto de juegos que es inmenso y repleto de juguetes que yo no tengo. Desde ahí se ve el asilo oscuro. Alejandra me cuenta una historia que su madre le contó. El asilo no alberga ancianos, sino locos. Siento miedo. Tía Alma llamándonos para partir el pastel.

Los invitados cantando. Tío Alberto sonriente y apagando las velas. Todos aplauden y lo felicitan. Mamá lo abraza, yo no me acerco. El mesero le lleva otro trago, y él se seca el sudor. Está borracho. Tía Alma cortando el pastel muy seria. Alejandra y yo colocando los tenedores en los platos y ayudando a pasarlos a los invitados. Mamá llevándole un trozo de pastel al tío. El tío sonriendo con el rostro desfigurado por la embriaguez, susurra algo al oído de mamá. Mamá ríe. Tía Alma los mira con enfado. Mamá apartándose. Que es ya muy tarde, mañana hay colegio y hay que levantarse temprano. Mamá apresurando el paso. Cruzamos la calle oscura, esta vez en sentido contrario. Mamá abre la puerta con dificultad, apaga las luces y sube las escaleras en silencio. Cierra la puerta de su habitación y se olvida de decirme buenas noches.

Me cepillo los dientes, me seco la cara con una toalla limpia, orino, veo bajo la cama, reviso el clóset y cierro las puertas, "no debo pensar en monstruos". Doy vueltas en la cama, reacomodo la almohada. Imposible dormir. Me imagino lejos de aquí. Me levanto y miro hacia el asilo. Aún se escucha música. Vuelvo a la cama, hundo el rostro en la almohada. Dios te salve, María. Llena eres de gracia... Tío Alberto borracho. El señor es contigo... Su cara horrible. Bendita tú eres entre todas las mujeres... Sus manos torpes tocando a mamá. Y bendito sea el fruto de tu vientre... Reprimo un grito. Jesús.

X

Uno de los tours *imposibles de perder es la vista de la ciudad desde un barco de la compañía Circle Line. La mejor hora para circundar la isla es durante la mañana. El recorrido dura tres horas, durante las cuales es posible apreciar la majestuosidad de los edificios que conforman la ciudad y la hacen parecer un gigante de acero y cristal atrapado en una pequeña isla. La Estatua de la Libertad, las Torres Gemelas del World Trade Center, los puentes de Brooklyn, Manhattan y Williamsburg, la Sede de las Naciones Unidas, entre otros muchos, muchos más.*

Y a la hora del lunch, *¿qué mejor que un* snack *de los tradicionales carros callejeros? Y luego perderse en la legendaria tienda por departamentos Macy´s. Su nuevo sótano –Continúa en la página 56–... la fantástica tienda Bloomingdale´s. Siendo más económica y conveniente Alexander´s... corte simple y elegante, con diseños más estructurados que en temporadas anteriores... telas de gusto exquisito y tejidos sensuales...*

XI

Las cosas no habían sido fáciles para mamá después que se vio obligada a recluir a la abuela en el asilo y a valerse por sí misma.

Mamá se había embarazado de un hombre del que nunca quiso revelar el nombre, por más que la abuela la amenazó con echarla de casa. Debió soportar afrentas por parte de la abuela y calumnias de terceros. Su embarazo era un descaro, un ataque a la moral y un desprestigio al buen nombre de la familia. Permaneció encerrada para que nadie viera su vientre abultado, y cuando las cosas eran inocultables, porque el llanto de la criatura alertaba a los vecinos, hubo que hacer frente a las habladurías y dar explicaciones que nadie creyó.

Entonces la situación financiera de la abuela era aún favorable. Todavía disponía de una buena parte de la herencia del abuelo. Pero dado que ella ni su hija supieron administrarla, ésta fue menguando con rapidez. Tuvieron entonces necesidad de vender por partes la vajilla y los cubiertos de plata que durante más de tres generaciones habían pertenecido a la familia.

La desesperación económica de dos mujeres inútiles llegó a ser tal, que las riñas entre ambas comenzaron a ser frecuentes. Y, como la abuela envejecía perdiendo cada vez más la cordura, mamá buscó una forma que le permitiera manejar los pocos bienes que aún quedaban.

XII

El arte está en hacer que los defectos físicos no interfieran con el sublime arte de la seducción. Sólo los complejos son capaces de afear verdaderamente a una mujer.

Una mujer debe, eso sí, aceptar de sí misma todo lo que no puede modificar, y corregir o disimular las imperfecciones al alcance de la técnica actual. Para ello cualquier mujer deberá seguir un programa riguroso, que siempre habrá de exigirle tiempo, esfuerzos y sacrificios. "No hay mujeres feas. Sólo hay mujeres torpes o perezosas".

La belleza, al igual que el éxito y la felicidad, se gana.

La noche anterior había tenido problemas para conciliar el sueño. La emoción de mi cumpleaños me hizo dar vueltas en la cama sin encontrar una posición cómoda. Intenté pensar en cosas lindas, como la ilusión que había tenido siempre de mi primer beso. Imaginaba cómo sería. Pensaba que estaría enamorada, el corazón palpitante, que habría de recibirlo de un muchacho guapo y rubio. También imaginé el día de mi boda, cuando entraría a la iglesia con un vaporoso vestido blanco y una coronita de flores silvestres. Pero no sirvió de nada.

Debió ser las tres de la madrugada cuando logré incurrir en un sopor inquieto. Soñé entonces con una fiesta rosa en el club deportivo. Me vi radiante y bella, con un hermoso vestido rosado de talle bajo, bailando el vals con un chico. Pero la música empezó a hacerse más lenta y menos armoniosa. María gritaba desde un rincón que me veía horrible, que iba a resbalarme frente a todos e iba a hacer el ridículo. Sentí miedo. Solté la mano del muchacho que me acompañaba, pero éste, que se había convertido en un hombre viejo e hinchado por el alcohol, me haló con violencia. Intenté gritar, pero fue en vano. María reía, mientras mamá observaba impasible. Vi los rostros de las personas que nos rodeaban. Se burlaban de mí. Desperté llorando, como ocurría a menudo. Al cabo de un rato logré tranquilizarme y quedarme dormida nuevamente.

Me despertó el zumbido del despertador, que casi de inmediato dejó oír una canción de moda. Estiré el brazo para apagarlo y recordé que era mi cumpleaños. Cumplía quince y estaba llena de ilusiones.

Supuse que mamá debía estar por entrar a la habitación llevando el desayuno en una charola de plata, como todos los años. Llevaría jugo de toronja (*grape fruit,* como ella decía con marcado acento aprendido) y tostadas con queso *cottage*, porque la mantequilla engordaba. Por eso mismo mamá me había prohibido comer chocolates y tomar gaseosas. A ella le resultaban repulsivos mis barros. Me pedía siempre cubrirlos con maquillaje, y jamás me permitía salir de la casa sin haberme pistoleado el cabello, cepillado las uñas y aplicado las cremas para aclarar la piel del rostro. También me había prohibido mascar chicle, porque decía que sólo las mujeres de mala vida lo hacían.

Mamá me pondría en la radiola de baterías un gastado disco de música ranchera que había escuchado desde que tenía memoria, y yo debería sonreír y dejarme abrazar. Mamá me diría, como todos los años, que era un año más vieja y que por ello debía cuidarme aún más que el anterior. No hay mujeres feas, decía, sólo haraganas y tontas. Ya habría ocasión de pedir el *walkman* amarillo que tío Alberto le había regalado a Alejandra el día de su cumpleaños.

Me senté en la orilla de la cama, me compuse el camisón para cubrirme las piernas que a mí me parecían demasiado delgadas y velludas, e intenté alzar con los dedos del pie una revista de modas, que se encontraba despatarrada sobre el piso. En la portada, una modelo —de piel trigueña, rostro ovalado, pelo castaño, lunar en la mejilla— me sonreía y mostraba una hilera de dientes blancos y perfectos. Su rostro tampoco mostraba imperfecciones. Me toqué el mentón con el índice y sentí un aguijón incrustado en la piel. La tarde anterior me había horrorizado al presentirlo. Los conocía de sobra. Al principio no eran más que una pequeña irritación imperceptible. Pronto asomaban con ímpetu y se convertían en montículos rojos, que terminaban siendo fístulas blanquecinas y asquerosas, que extirpaba con vapor y gasas estériles. Conocía el proceso. Lo sufría con frecuencia en diferentes partes del rostro, la espalda y las nalgas. Mamá me había advertido que, de no hacerlo todo correctamente, me quedarían espantosas cicatrices en la cara que lamentaría por el resto de mi vida y para las cuales no habría solución ni disimulo posible. Me había mostrado por la calle a esas pobres chicas de veintitantos años, que llevaban la piel gris, llena de hoyos y arrugas, como una máscara monstruosa. De ésas, me decía, no hay quien se enamore, ni el hombre más feo o pobre del mundo. Y ni hablar de esos granos que salían en la nariz. Ésos, decía mamá, eran capaces de desangrarla a una en cuestión de minutos, porque en la nariz había arterias importantes. Me persigné entonces por impulso, como hacía siempre que sentía miedo, y retiré la mano del rostro. Sería mejor tener paciencia, aplicar la pomada antiacné y seguir las instrucciones de mamá.

Intenté levantar nuevamente la revista con los dedos del pie, pero fue inútil. Desistí de alzarla. Me frustraban las chicas de las portadas, los consejos imposibles de poner en práctica, sus promesas de belleza que nada tenían que ver conmigo ni con mi cuerpo menudo y en constante transformación. Me odiaba y, cuanto más me miraba al espejo, tanto más gorda y fea me sentía.

Cuando estaba por salir de mi habitación, extrañada porque mamá no llegaba, vi sobre la casita de madera, que en otro tiempo sirviera de juguetera, un sobre rosado rotulado con su caligrafía de vueltas y patas alzadas. Quizás mamá lo había colocado ahí mientras yo dormía para darme la sorpresa. Lo tomé emocionada. Con quince años cumplidos, ya no era una niña y mamá debía reconocerlo, así que creí que me regalaría dinero, del cual había dispuesto siempre muy poco, ya que todo me era dado, sin saber jamás de dónde provenía. Con él, pensé, podría comprarme revistas y *cassettes*, de los que tenía muy pocos, y mis amigas los tenían originales y muchos. Alejandra los tenía incluso transparentes, porque cada vez que tío Alberto iba de viaje ella le daba una lista enorme que él satisfacía. Entonces pensé que me habría encantado tener un papá como él, para poder escuchar la música reciente en inglés, ir a fiestas y tener amigos. A mamá en cambio, no le gustaba que yo escuchara música, ni que fuera al cine, ni que saliera a fiestas. "Las señoritas deben tener temple y resistirse a hacer lo que las demás hacen. De esa forma ganarán una mejor posición y el mejor de los muchachos se fijará en ellas", decía. Por ello no pude asistir a la fiesta de quince años de ninguna compañera del colegio. Fui a la de Alejandra porque los tíos también habían invitado a mamá. Pasé la noche sentada en una de las mesas dispuestas alrededor del amplio salón iluminado por luces de colores, adornado con globos y guirnaldas, llevando el ritmo de la música con el pie, y viendo cómo un inmenso número quince tallado en hielo se derretía, formando un charco en el que resbalaban las parejas que bailaban. Vi cómo se divertían las otras chicas, cubiertas de destellos que hacían parecer que todo transcurría en cámara lenta, moviéndose al compás de la música de moda, que a mamá le parecía espantosa. La escuché comentar toda la noche con otras señoras, que la juventud estaba cada día peor, que la decencia ya no era un valor y que por eso el mundo estaba tan mal.

Me levanté entonces de la cama, tomé el sobre rosado y, luego de verlo a contraluz, lo rasgué con cuidado pues no quería romper en el impulso algún billete. De cuánto serían, me preguntaba. ¿De veinticinco, de cincuenta, de cien? ¿Estarían nuevos o usados? Y los tenía gastados cuando descubrí que en su interior sólo había una carta, que desdoblé con desgano:

Después de la infancia llena de juguetes, dulces e inocencia, llegan los quince años, que son el sueño cumbre de toda adolescente. Es la época en que se abren las puertas a lo desconocido y hay que ir convenientemente preparado para no pisar en falso. Procura que al arribo de ese período de ensueños tu alma sea un capullo de rosa que conserve el exquisito aroma de la inocencia. Sé femenina, sé pudorosa, pero ante todo: sé mujer. Que sean tus ojos dos ventanas de cristal limpio por donde se asomen lo sentimien-

tos más puros. Que tu boca sea como pétalos frescos que inspiren siempre la emotiva candidez de un beso. Que nunca se dejen incitar al insano deseo.

Vive al compás del tiempo sin permitir apuros ni desasosiegos. Sé tú misma siempre. Procura asimilar lo bueno que te rodee. Pero nunca, pretextando modernizarte, absorbas lo malo de la vorágine del desequilibrio moral en que vivimos actualmente.

Demuestra que a tu corta edad eres ya toda una mujer que discierne y tiene ideas propias. Que sabrás valorar el tesoro de tu juventud e invertirlo en el camino de limpia conciencia ante Dios, ante ti misma y ante tus padres. Tomado del libro "Cartas a una adolescente". Ojalá seas capaz de valorar y mantenerte firme en los principios que te he inculcado. Tu madre.

XIII

−Para la niña −dijo mamá mirando sobre los lentes bifocales a la mujer que venía a casa con frecuencia, para tomarme medidas, recoger telas o ajustar ruedos−, quiero un dormitorio conservador.

−Lo importante es que quede a su gusto −respondió la anciana mirando a mamá, mientras suspendía inquieta con su mano derecha un gastado lápiz sobre una libreta rayada, donde había medidas garabateadas, retazos de telas adheridos con alfileres, datos de clientes que ni ella lograba comprender, por lo que muchas veces había tenido la necesidad de inventar medidas. Debía ser por eso que no siempre le quedaban bien las cosas. Y la mayoría de los clientes no lo notaban, pero mamá era distinta, y su minuciosidad la ponía nerviosa. En una ocasión mamá había mandado a hacer un cobertor enguatado para su cama, y se lo había devuelto por un par de puntadas de más. Mamá se escudaba en lo que fuera para no pagar de inmediato, y se las ingeniaba para adquirir las cosas a crédito.

Pero no siempre había sido así. La costurera conocía a mamá desde que vivía con la abuela en esa misma casa. Y desde entonces había acudido a atender órdenes de vestidos y manteles, por lo cual, a pesar de los desplantes de mamá, seguía viniendo a atenderla. Aunque la desmejora económica podía notarse en el desgaste de los muebles y los adornos anticuados que abundaban por la casa. Lámparas pasadas de moda, con inmensas pantallas y pesadas bases de cerámica, cuadros tejidos, una colección de figurillas de bronce verdoso y cortinas desgastadas. Además, en un intento por preservar el buen estado de las telas gobelinos de los muebles de sala, mamá cubría los sillones con sábanas viejas de diseños desteñidos.

–Lo importante es que no haya amontonamiento –dijo mamá luego de un rato.

–Disculpe, señora. ¿Me decía? –preguntó la mujer que se había distraído con sus pensamientos y temió haber sido descubierta en ellos.

–Que no quiero que el dormitorio se vea amontonado. Quiero que se luzca el lindo papel tapiz que cubre las paredes. Es antiguo, del que ya no venden. Por eso la tela debe ser neutra, con colores blanco, gris o café. Eso le dará mayor sobriedad y amplitud a la habitación.

–Pero, mamá –interrumpí–, esos colores no me gustan. Ella me hizo callar con un gesto, y comprendí que mi opinión no contaba.

–Pues lo nuevo –retomó la costurera–, es vestir las camas con forro, vuelo y edredón. Como las que se muestran aquí –y le extendió un grupo de gastados librillos y catálogos que se doblaron por su peso.

Mamá los ojeó despacio y sin interés, mientras bebía pequeños sorbos del té que la empleada le había llevado a la sala, y del cual como siempre, se había quejado por lo fría que estaba el agua y por su excesiva dulzura. La mujer hizo un gesto de incomodidad, pero no se atrevió ni a pasear la mirada por la habitación, que durante la tarde se inundaba de sol y cuyo reflejo la había hecho sudar copiosamente.

—Si usted ve —dijo por fin la mujer—, la tendencia es a poner almohadones sobre las camas, para que sirvan de sofás en el día. Sobre todo en los dormitorios juveniles.

Pero mamá frunció el ceño, y sin disimular su enfado espetó con aspereza, retirándose los lentes del rostro: —Nadie que se considere de buenas costumbres podría pensar en utilizar la cama para sentarse. Las camas son únicamente para dormir —y se colocó de nuevo los lentes, volviendo la mirada a las revistas. La mujercilla sonrió sin saber por qué, y nerviosa fingió apuntar algo en la libreta, mientras yo posaba con vergüenza la mirada en las raídas cortinas de la sala.

—La idea —continuó mamá, sin levantar la mirada— es complementar el decorado de la habitación con los juguetes de la niña, que son muchos y muy finos. Y colocó la taza sobre la mesilla que tenía al lado. Pero yo, que ya no era una niña, y deseaba deshacerme del puñado de muñecas terroríficas con caras de porcelana blanca y miradas vidriosas, con las cuales ella había decorado las repisas de mi dormitorio y que consideraba exquisitas. Incluso me había traído un par de Nueva York, y yo debí entonces fingir agrado, cuando lo cierto era que las detestaba y me daban miedo.

–Si quiere tomo las medidas mientras tanto –dijo la mujer, mientras buscaba nerviosamente dentro de una gastada bolsa de cuero una fruncida cinta métrica, la que desenrolló con rapidez y la tomó con ambas manos, como alistándola para ganar tiempo.

–Paula, llévala a tu habitación –ordenó mamá–. Y le voy a agradecer que se dé prisa, pues dentro de un momento vendrá la manicurista y quiero que usted se haya marchado para entonces –agregó sin mirarla.

–Sí, señora. Ya verá que no me tardo nada –contestó la mujer apurando el paso, mientras sus sandalias golpeaban sus gruesos carcañales y se juraba no volver a poner un pie en esta casa.

XIV

De lo ocurrido a la abuela no existían testigos. Había sucedido hacía mucho, y las personas que la conocían de ese tiempo se habían mudado a los barrios altos de la ciudad o habían muerto. Lo cual era bueno para mamá. Así, ella evitó las preguntas incómodas, los comentarios inadecuados y las explicaciones. También el peligro de que alguien me comentara lo ocurrido. Porque mamá tenía miedo. Pensaba que si me enteraba iba a juzgarla. Y no se equivocaba. Siempre deseé descubrir en ella una fisura, una pequeña grieta que la hiciera más vulnerable. Quizás así habría podido quererla un poco.

Pero mamá se cuidaba de que yo supiera algo de su pasado o de su presente. Los errores cometidos, las personas que la juzgaron, los pecados sepultados. No quería tampoco que supiera lo que hacía cuando salía de casa, ni con quién. Por eso su único viaje a Nueva York fue tan misterioso; me lo anunció una noche antes. Dijo que me quedaría en casa de tía Alma, quien haría el favor de cuidarme e ir por mí al colegio. Aunque me negué, porque me daba miedo tío Alberto, a mamá no le importó.

Los ojos le brillaban. Estaba entusiasmada. Era su sueño conocer esa inmensa ciudad llena de luces, que tantas veces había visto en películas. Porque a mamá también le gustaba soñar, pero jamás habría permitido que alguien se enterara. Jamás supe de dónde obtuvo el dinero para el viaje, pero volvió cargada de regalos, ropa y cremas caras, que no me dejó usar.

Y yo jamás habría adivinado lo que había en su pasado, el nuestro, de no haber sido por los periódicos antiguos, las fotografías viejas y la costurera indiscreta que pareció afanarse en enterarme de algunas cosas, quizás como una forma de vengarse por las humillaciones que durante mucho tiempo aguantó a mamá.

Pero cuando la verdad llegó a mí, ya era tarde. Mi alma estaba enferma, y fue imposible contenerme.

XV

No me importó el golpe seco de la cuerda en las pantorrillas, que mostraban algunas cicatrices hechas por la maquinilla de rasurar que aún utilizaba con torpeza. Hacía tres semanas había comenzado a afeitarme a escondidas de mamá. A mí me daba vergüenza los vellos en las piernas, que ya no podía cubrir con las calcetas del uniforme del colegio. La primera vez que me afeité tuve una rara sensación, como si mi piel se hubiera hecho más sensible y pudiera sentir a cabalidad el roce de las sábanas, el agua escurriéndose por ella, la crema humectante, la ropa. Me sentí mujer, dueña al menos de ese efecto extraño que me hacía sentir adulta.

—¡Perdiste! —oí la voz burlona de Alejandra, que sostenía un extremo del lazo, mientras lo hacía girar para que yo saltara sobre él.

—Me toca a mí —agregó la niña que sostenía la otra punta de la cuerda, y que vivía en la calle de atrás. La colonia no era grande, y estaba limitada por un pequeño parque al final de la avenida principal y dos callejuelas cuyas orillas albergaban casas de mediano tamaño, con excepción de la del asilo, que era inmensa y de marcado estilo antiguo. La colonia había sido, hacía tres o cuatro décadas, un barrio de casas con un estilo arquitectónico armonioso. Pero luego, debido al comercio, la construcción en los sectores más altos y el abandono en que cayeron algunas viviendas, la nuestra incluida, fueron pocas las que por aquel entonces conservaban su belleza. Otras habían sido construidas en fecha más reciente, como la de Alejandra, que era la más suntuosa de la cuadra.

–Te toca a ti girarla –me dijo Alejandra con impaciencia, al tiempo que me entregaba la pita para que la sostuviera mientras la otra niña se preparaba para saltar. Pero yo apenas las escuchaba. Mi mirada se había desviado hacia otra parte. Con jeans de algodón y una camisa sport se veía igual de hermoso que cuantas veces lo soñé con una levita y un cigarrillo en la boca. Era el hijo de los nuevos vecinos. Un muchacho guapo, de modales delicados, que rondaba los catorce años. Tan sólo uno menos que yo. La bicicleta verde de aros brillantes que montaba, se perdió rápidamente entre los autos estacionados a la orilla de la banqueta. Yo volví a girar la cuerda.

Enrique, que así se llamaba el chico, era hijo único de un médico y una mujer distinguida, cuyo nombre mamá pronunciaba con vehemencia. A ella le encantaban los apellidos de alcurnia. Sentía que al pronunciarlos pasaba a formar parte de aquella familia de ralea. Nada la habría hecho más feliz.

Enrique me parecía hermoso. Tenía dientes grandes, blancos y parejos. Seguramente había usado frenillos, no como yo que tenía los dientes desiguales y me daba vergüenza mostrarlos. Mamá se negaba a llevarme al ortodoncista porque decía que el tratamiento era caro y no podía pagarlo. En cambio los de él eran perfectos. Pude vérselos días más tarde cuando Alejandra y yo lo encontramos en la calle y nos saludó desde la otra acera. Alejandra pretendió no verlo. Yo en cambio correspondí sonrojada con la mano. Desde ese día Enrique se detenía a conversar conmigo cuando nos cruzábamos, lo cual no ocurría con frecuencia, porque mamá decía que en la calle se aprendían malas costumbres y limitaba mis salidas a las estrictamente necesarias. Por eso, a menudo, en las tardes de sopor debí conformarme con ver pasar a la gente desde la ventana de mi habitación. Entonces deseé haber nacido hombre para tener más libertad y no tener que cuidarme en todo momento por parecer recatada y sumisa.

–No te hagas ilusiones –me dijo Alejandra un día–, mi primo Orlando, que es compañero de Enrique en el colegio me contó que lo molestan porque es maricón. Que no le gusta jugar fútbol en los recreos. Los otros niños lo golpean y él no sabe ni cómo defenderse.

Y yo sufría en silencio, buscabando mil formas de resguardarlo. Lo soñaba de lentes, de cabello engominado, de vestuario elegante, bajo el cual ocultaba unos músculos descomunales y un traje azul ceñido al cuerpo. En el sueño me rescataba del mundo de hastío y angustia en que vivía sumida y me llevaba lejos. Donde no había nadie, y donde todo lo que hasta ahora había sido mi mundo dejaba de existir. Lejos de mamá, del colegio, de un pasado confuso y del dolor oscuro que en ese entonces aún me asediaba.

Pronto comenzó a llamarme y a visitarme cuando mamá estaba en casa. Y como ella sabía que los padres eran gente distinguida, no se opuso a nuestra amistad.

XVI

Noviembre 25. Alejandra anda de novia de un muchacho llamado Francisco. Lo descubrí yo misma. Ayer en la tarde, cuando tía Alma había salido, él llegó a visitarla (mamá se moriría si yo recibiera visitas cuando ella no está). Cuando Francisco se marchaba, Alejandra lo besó, ¡en la boca! No se dieron cuenta de que yo los miraba. Jamás hubiera imaginado que Alejandra fuera capaz de algo así. No se lo he contado a mamá porque me prohibiría frecuentarla, pero pondré distancia. No es conveniente que me relacionen con ella. Creerán que soy igual.

Diciembre 11. Alejandra me presentó a su primo Orlando. Dice que yo le gusto porque me ve "de una manera especial". No me he fijado pero voy a hacerlo. Jamás hemos cruzado palabra. Aunque Alejandra y otras compañeras dicen que no es feo, a mí me desagrada.

XVII

Dieciséis años y la soledad me invadían. Mamá me había cerrado todos los caminos y yo deseaba ver el mundo. Ella sólo pensaba en la forma de aparentar mi pulcritud mientras llegaba el marido adecuado. Entonces leía mucho, sobre todo novelas rosa, porque según mamá los libros de verdad contenían temas impropios. Jamás me atreví a escribir en mi diario mis sentimientos, porque habría sido como ponerme la soga al cuello: ella leía mi diario. Ella me proveyó de él. Para escribir cosas lindas y mis pensamientos más íntimos, dijo. Pero supe siempre que era una trampa para vigilarme. Entonces escribí en él lo que ella quería oír, absurdas historias de inocencia y pureza, mientras mis pensamientos estaban lejos de serlo. Conocía el deseo. Había experimentado con mi cuerpo y descubierto accesos al placer que, sólo imaginar que mamá pudiera sospecharlos, me erizaba la piel. Pero la angustia permanecía. Y cada vez que mi cuerpo convulsionaba embelesado de goce, sentía una sombra flotar sobre mi cabeza. En un inicio no logré comprender que en ese momento convergían dentro de mí las voces internas que gritaban llenas de desasosiego, pero que yo había cercado para no recordar y seguir viva. Jamás me habría atrevido a decírselo a alguien, mucho menos a Alejandra que era superficial y apática. Con ella me limitaba a conversar trivialidades propias de nuestra edad.

Ésta la vi hace tiempos y casi no recuerdo, pero te va a gustar: se trata de una mujer que era gorda de tanto comer porquerías y chocolates por la ansiedad. Lo hacía cada vez que un novio la dejaba. Una tonta, yo creo, porque así menos iba a conseguir uno nuevo. Además el novio que la dejó confirmaría sus razones, porque además de despreciada sería gorda. Y a las gordas nadie las quiere. Son feas.

Por fin, la gorda se reencuentra con un tipo, de unos treinta años, con patillas en la cara, pero a la moda. Hijo de unos amigos de sus papás, a quien conoce desde pequeño, pero que al parecer no le parecía simpático, porque cuando vuelven a verse casi no se hablan. Las mamás, por supuesto, se mueren porque se hagan novios, se casen y tengan hijos. Pero entre ellos no pasa nada.

El día de *Thanksgiving*, el pavo está dispuesto sobre la mesa, junto con copas de cristal y botellas de vino. Las dos familias se reúnen en la casa divina de los papás de ella y él acompaña a sus padres. Anda puesto un suéter que tiene unos renos tejidos y que a ella, a la muchacha, le parece horrible, además de infantil. ¡Ah! Porque encima de todo el suéter se lo tejió la mamá. A ella le parece espantosa la forma en que él se viste y no quiere nada con él. Y es que él es bien serio y a ella le gustan las fiestas.

Antes de conocerlo, ella estaba saliendo con otro que sí era guapo, divino, ojos azules, chiquitos y alrededor se le hacían arrugas cuando sonreía. Los dientes algo pandos, pero vestido a la moda, con jeans y una chaqueta azul de lino. Pero éste, el guapo, no la quiere. Juega con ella y quiere a otra. Una tipa delgadita que parece hombre, con el pelo bien corto, con arrugas en la boca porque fuma. (Mamá dice que fumar es un vicio horrible para una mujer, porque con el cigarro estás dando a entender a los hombres que sé es una mujer fácil. Ella fuma, pero a escondidas.)

El caso es que la gorda sufre mucho. Cree que está enamorada del tipo guapo, pero no. Al final cuando el otro, el del suéter de renos, le dice que por trabajo se tiene que ir a *New York* (que mamá me contó que es una ciudad divina, con tiendas elegantes, almacenes y rascacielos), ella se da cuenta de que a quien quiere es a él. Al de los renos. Pero ya es tarde. Cuando la gorda cree que se ha marchado, él regresa a buscarla y se pone contenta al verlo. Y están a punto de besarse, pero ella le dice que espere un momento, pues tiene algo que hacer. Y la muy desvergonzada (porque eso sí tienen las gringas, que se acuestan con cualquiera) sube a su habitación y saca unos calzones chiquitos, como de puta.

Entonces, mientras ella se los pone, él encuentra el diario que la muy tonta ha dejado abierto sobre una mesita en la entrada. ¡Te imaginás! Justo abierto en la página en que dice que él le resultaba antipático y feo. Entonces, él se marcha. Ella lo ve salir desde la ventana, y recuerda el diario abierto en la mesa. Ella lo persigue en calzones, con tan sólo un suéter arriba. Afuera nieva, toda la calle está blanca, no se distinguen las aceras, y hay como tienditas con vitrinas iluminadas. Ella corre por las calles, pero no lo mira por ningún lado. Cuando mueve la cabeza para todos lados, buscándolo, se le mira el pelo asqueroso, sin vida. Lo peor es que se le miran las nalgas aguadas, celulíticas. Y entonces, cuando yo me imagino que ella cree que él se ha marchado, el tipo sale de una tiendita (donde se mira que venden cosas caras) y se queda mirándola (seguro por los calzones) y le dice que leyó el diario. Ella responde *I´m sorry*, que todo era mentira, que un diario sólo dice *bullshit*. Él saca de la bolsa de su abrigo un cuaderno forrado con cuero café y se lo entrega. Le dice que es para que comience un nuevo diario. ¡Eso era lo que había salido a comprar! No se estaba yendo como ella creyó. (Aunque te digo, si alguien escribe en su diario que le caigo mal y que soy fea, yo me voy inmediatamente y no le vuelvo a hablar jamás. Pero él la quería y la perdona.) Entonces la besa o ella lo besa, no me acuerdo, y unas viejitas que caminan por la calle se detienen a mirarlos. ¡Te imaginás la vergüenza! Pero a ellos les da igual y se siguen besando. Él la tapa con su abrigo negro para que no tenga frío. (No, no le toca las nalgas, al menos no se mira en la película. Es que él ya está grande, y esas cosas las hacen los muchachos aprovechados, no los hombres educados. Además te estoy diciendo que él la quiere y alguien que te quiere no te va a ofender de esa forma. ¿Qué, no te ha dicho tu mamá que es pecado? Si dejás que Francisco te lo haga, te va a castigar Dios. Una debe darse a respetar. Ella no, porque es actriz y en las películas no lo hacen de verdad, no son ciertas. Por eso se llaman actores, porque actúan.) De grande quiero ser actriz. Me gustaría actuar en una película de esas donde la gente sale desnuda. Ésas que dan tarde en la televisión. Una vez vi una. No entera, sino comenzada, pero la entendí igual. Se trataba de un hombre que secuestra a una mujer en la calle. Se la lleva en un auto y en el camino la va desvistiendo. Otro iba manejando, quizás era el chofer porque no hablaba y tampoco volteaba a ver. Llegan a una casa y él la comienza a besar en la boca. ¡Y luego le besa allá abajo! Se veía que a ella le gustaba. Pero es que no estaban haciéndolo realmente. Al final ella se enamora de él porque terminan haciéndolo en una cama inmensa y ella grita.

Vaya, Alejandra, ya me cansé. Ahora contame vos una.

XVIII

Amigos, cuantos más puedas. Novios, cuantos menos tengas. Piensa que dentro del grupo de amistades seleccionadas y afines a tus gustos y principios, puede encontrarse el amor de tu vida. Si sabes cautivarle con tu belleza y garbo, podrás tener su amor para toda la vida. Por eso debes cuidarte. Para no desilusionarle con actitudes vulgares o de mal gusto.

Nunca, por más confianza que tengas con tus amistades, les permitas que te hagan bromas pesadas, que bien podrían llevar al abuso y falta de respeto. De esta forma te estás recomendando como una simple vulgar.

Lleva en tu rostro una leve sonrisa que infunda desconcierto y termine por ser coqueta y cautivadora. Ella es siempre el arma más poderosa en las más difíciles conquistas.

Diciembre 23. Orlando nos acompañó a hacer las últimas compras de navidad. Mamá no se enteró. No había encontrado aún el regalo para ella y quería escoger algo lindo. Mamá tiene buen gusto y no le satisface cualquier cosa, así que debí ser muy cuidadosa al elegir. (Le compré un marco de peltre tallado). Cuando bajábamos del coche tropecé, y Orlando me tomó por la cintura. Gracias a ello no caí, pero no me gustó que me tocara. Por eso le tomé la mano y se la retiré con fuerza. Me miró molesto, igual que Alejandra. Me llamó malcriada. Me quedé callada y no volví a dirigirle la palabra en toda la tarde. Yo no soy una muchachita fácil. Yo sí me doy a respetar.

XIX

–Cuando sea grande voy a tener un marido millonario para viajar todo el tiempo –dije a Alejandra
mientras ojeaba una revista de modas en su habitación. Su cuarto era espacioso y con mucha luz.
Tía Alma le había regalado un nuevo decorado
cuando cumplió quince años. Alejandra pidió
entonces una cama ancha con respaldo antiguo,
dos mesas de noche con igual diseño y un telé-
fono inalámbrico con línea privada, donde era
posible llamarla a toda hora, y no hasta las siete
de la noche, como en mi caso, porque mamá
decía que después de esa hora no era decente
recibir llamadas.

Con la cabeza en una mano y el codo apo-
yado sobre inmensas almohadas, Alejandra leía
en voz alta los artículos sobre belleza que apare-
cían en una revista de vanidades: *Las pruebas
realizadas en laboratorios de una universidad
de Ottawa, en Canadá, demuestran que el cabello crece en una proporción constante y que no
existe diferencia en su ritmo de crecimiento durante el día o la noche. Por lo que no es verdad*

que el cabello crezca con mayor lentitud cuando se está dormida. Las rubias tienen ciento cuarenta mil cabellos aproximadamente, mientras que las morenas poseen ciento diez mil en promedio y las pelirrojas unos noventa mil.

Yo me miraba en el espejo del tocador, sin que Alejandra lo notara. Me parecía que tenía demasiados cabellos y que no me veía tan flaca como las modelos de las revistas. Además, me molestaban los vellos que tenía en la frente y los barros que por aquella época me brotaban en el rostro. Mamá me obligaba a lavarme la cara tres veces diarias y me había sentenciado a comer poco.

–¿Pero cómo le vas a hacer? –quiso saber Alejandra–. Porque para que tu marido fuera millonario, vos tendrías que ser bonita y adinerada –agregó con sorna, mirándome para comprobar el efecto que sus palabras habían causado en mí, al tiempo que su cara esbozaba la sonrisa burlona que yo tanto odiaba en ella.

–El otro día –prosiguió– escuché a mamá y a papá discutir porque él ayuda a tu mamá, dándole dinero para que ustedes no se mueran de hambre. Mamá dijo que no le molestaba que papá las ayudara, porque al fin y al cabo nosotros tenemos mucho dinero, lo que le molestó fue que papá no le hubiera dicho nada.

Yo aparté la mirada y fingí desinterés en lo que, por alguna razón, no me causaba extrañeza. Dentro de mí algo había comenzado a palpitar. Mil imágenes dispersas desfilaron por el pasillo oscuro que separaba mi habitación de la de mamá. Los secretos comenzaban a materializarse y a tener vida. Recordé la noche en que desperté con gemidos, que más que causarme curiosidad me asustaron. Eran como de animales agonizantes. Sin descubrirme me senté en la cama. Los pujidos se escucharon nuevamente. Esta vez más intensos. Provenían del pasillo. Salté de la cama y corrí hacia la habitación de mamá. La luz de su mesilla de noche estaba encendida. Pensé que quizás no podía dormir, igual que yo. Pero escuché dentro de la habitación susurros de ahogo. Eran gemidos que ya había escuchado en otras noches, durante las vigilias constantes llenas de horror y de miedo. Los tenía grabados en mi repertorio de recuerdos aterradores. Empujé la puerta despacio e introduje la mitad del cuerpo. Sobre la cama, tenuemente iluminada por la lamparilla del velador, pude ver una espalda ancha de la cual brotaban pelos que se extendían hacia las nalgas descoloridas que se contraían violentamente, dejando ver entre ellas un colgajo oscuro que me hizo sentir asco. Aquel hombre, cuyo rostro se encontraba hundido en el torso desnudo de mamá, la sujetaba bajo su peso aplastándola. Ella gemía y se contraía. Quise aproximarme, pero mis ojos se toparon con la mirada devastadora de ella. Entonces me detuve. Sólo atiné a retroceder con la misma lentitud con que me había acercado. Corrí hacia mi habitación.

Mamá cubrió el hecho con un velo de silencio y disimulo, como si las palabras fueran las únicas que pudieran dar existencia a las cosas.

Pero olvidó que dentro de mí, María aún se ocupaba de que los hechos no fueran borrados por el tiempo.

XX

Todo comenzó como un intenso dolor de cabeza. Luego vinieron los vómitos y el dolor en el costado.

–Fue por comer mierda –dijo el médico–. No existe otra explicación. Es una enfermedad ano, mano y boca. Si caga blanco, color de dulce de leche, habrá que hacerle algunos exámenes. Y así fue. Era caca rubia, como de perro bien alimentado. Y los orines parecían coca-cola. Sentía que la vida se me escapaba a zancadas, y llegué a creer que moriría.

A lo largo de mi vida había creído padecer de todo. Desde cáncer en la planta del pie, que había terminado siendo un ojo de pescado que debió ser cauterizado, hasta un tumor en la cabeza que jamás pudo ser comprobado. En aquella ocasión me había convencido de que padecía una enfermedad hasta entonces desconocida por los médicos. Pero si en aquel entonces no morí, esta vez estaba segura de que ocurriría.

La sensación de tener un reflector inmenso frente a los ojos, me tenía sumida en el horror.

Al cerrarlos veía como si una gigantesca locomotora se acercara alumbrando a su paso, como un faro en movimiento. Despertaba bañada en sudor e intentaba asirme a la existencia.

–Nada de medicamentos. Tiene el hígado inflamado y no queda más que esperar –había dicho el médico.

La sirvienta se encargaba de llevarme los alimentos a la habitación. Mamá había marcado mis utensilios de comida con dos puntos de esmalte rojo. Debían ser lavados por separado, con agua hirviendo y lejía, para evitar el contagio. Dispuso también que la empleada fuera vacunada, porque era suficiente tener una enferma en la casa como para quedarse sin ayuda doméstica, dijo.

Enrique, quien había padecido la dolencia y era inmune al contagio, me visitaba para llevarme frutas y dulces, que yo comía con ahínco ya que eran mi único consuelo y alimento. Me leía cuentos y revistas hasta que dormitaba sobre su hombro. Soltaba entonces lentamente mi mano y, luego de darme un beso en la frente que hervía, se marchaba en silencio. Yo sonreía satisfecha, llevándome la mano al rostro, en un intento por preservar el beso en mi piel.

Al cabo de una semana comencé a sentirme menos débil, y a permanecer despierta durante la visita de Enrique. Cada tarde, como siempre, tomaba su mano blanca y delgada entre las mías. Cada vez me sentía más cercana a él y esperaba con ansias una iniciativa de su parte. Pero nunca ocurrió. Entonces un día, armada de valor, coloqué su mano sobre mi pecho, al tiempo que él se esforzaba por no perder el hilo de la lectura y continuar el relato. Yo, disimuladamente, le hice sentir mis senos bajo el dorso de su mano. Luego le hice recorrer mi piel ardiente en fiebre por debajo del camisón. ...*paredes, altas de cien metros, encajonan fúnebremente el río*... Podía sentir mis pezones alzados. ...*sintió que estaba helado hasta el pecho. ¿Qué sería? Y la respiración*... Lo guié hasta mi vientre, para que sintiera mi carne tibia. Luego vino mi turno, y mientras él seguía leyendo entrecortado, yo lo recorría entero con descaro. Sentí sus hombros fuertes, como los había sentido otras veces bajo la ropa pretextando apoyo. Recorrí sus orejas perfectas, sin lóbulos y de empalmes redondeados. Escruté uno a uno sus dedos de uñas limpias y simétricas. Revisé su boca fantástica, que ni aún así dejaba de emitir palabras que yo ya no entendía, pero que me hacían sentir cada vez más húmeda, hasta atreverme a escudriñar su ombligo, para terminar metiendo mi mano temblorosa entre la bragueta descorrida. Una piel suave y tensa me sorprendió con su densidad. Enrique permaneció en silencio. El libro sobre su pecho se agitaba conforme mis manos impetuosas maniobraban libremente apresándole el sexo con fuerza. Cerró los ojos. Una fosforescencia le reventó en el cuerpo. El libro cayó al suelo con estruendo. Atinó tan sólo a respirar profundamente, sin poder siquiera expulsar el aire, porque antes de que ocurriera, mediante un giro improvisado, lo encerré entre mis piernas. Pero Enrique no respondió. Se le veía asfixiado, y sus manos tocaban mi cuerpo sin encontrar lugar. Yo le guié los dedos, al tiempo que mis párpados se contrajeron con fuerza. Pero él no deseaba ni mis pechos ni mi cuerpo, y me apartó con violencia. Se incorporó como pudo y, luego de recoger el libro y colocarlo sobre la mesa de noche, se marchó sin más. Desde esa tarde las visitas se interrumpieron.

Tres semanas de reposo al menos, dijo el médico, porque podía ser perjudicial para el hígado agitarse demasiado. Aún estaba inflamado y la dieta debía ser estricta. Sopas sin manteca, verduras hervidas, arroz al vapor, nada de carnes, aceites o alcohol. Ni siquiera el vino de misa.

Así que yo, absolutamente imposibilitada y sintiéndome aún muy débil, debí permanecer en mi habitación, mientras tenía la sensación de que el mundo corría sin mí y, lo que era peor, en sentido contrario a Enrique.

La sirvienta se convirtió en mi cómplice, y me ayudó a entregar a la empleada de Enrique recados escritos en pequeños papeles de dobleces infinitos, que jamás obtuvieron respuesta. "Sí se lo di". "No, no me dijo nada". "Que está bien y no está enfermo". "Que al rato la llama". Y yo sentía que, si la enfermedad no me había matado, la incertidumbre sí lo haría. Los días se me iban repasando una a una las posiciones que habían adoptado mis manos en aquel cuerpo hermoso. Me hacía temblar el deseo de reencontrarme con él, y me desesperaba la lentitud del tiempo.

La fiebre comenzó a ceder un par de semanas después. Pronto me sentí capaz de mantener la mirada fija sin marearme, y ver la televisión por más de media hora sin sentir ganas de vomitar el almuerzo.

Cuando por fin pude levantarme de la cama, arreglarme el cabello, mandar a invitar a Enrique para la merienda, él se excusó con motivos imprecisos de encargos familiares, ya que en un par de semanas se marcharía para iniciar sus estudios de medicina, como era la voluntad de su padre.

XXI

Lo amaba. Estaba convencida. Pero tendría que verlo partir. Cinco años, quizás más. Tal vez no volvería a verlo. Tal vez Enrique optaría por quedarse a vivir en Estados Unidos y no regresaría nunca. Pero él no deseaba marcharse. Lo habíamos conversado cuando me contaba lo estricto que era su padre y lo mucho que éste deseaba que él también fuera médico. Profesión que a Enrique no atraía en nada, pero que estaba dispuesto a cursar para evitar las hostilidades del padre. Aunque Enrique nunca dio los motivos, yo sabía que era un amor el que lo retenía. Lo sabía porque lo había visto, pero callaba para protegerlo hasta de sí mismo. Podía ver cómo sus ojos se iluminaban cuando hablaba de quedarse en el país a estudiar, y de seguir su vida como siempre. Me dolía porque no era yo. Porque no podía preguntarle quién era. Jamás me lo habría confesado. Enrique, como yo, cargaba sus penas en silencio. Entre nosotros estuvo siempre prohibido hablar de intimidades, porque era la única clase de relación que ambos conocíamos.

Aunque para mí bastaba mirar al mundo a través del vidrio que mamá había colocado a mi alrededor, adentro era todo frío y estéril. Y yo imaginaba que esa frialdad podía entibiarla con la compañía de Enrique. Pensaba, sin fundamentos, que si yo hubiera podido decirle que lo amaba, él habría tenido dos motivos para quedarse. Aunque fuera por lástima o por aparentar frente a su padre, que algo sospechaba y por ello quería mandarlo lejos. Un hijo distinto estaba mal visto, y al no poder cambiarlo, el padre había optado por alejarlo; para que nadie supiera y para que no lo avergonzara. Y la madre nada había podido hacer al respecto.

El primer sábado del mes de enero, desde la ventana de mi habitación, lo vi partir rumbo al aeropuerto. La empleada subió las maletas al taxi, el papá lo despidió secamente en la acera, junto a la madre, que lo llenó de besos y santiguadas. Enrique apenas atinó a mirar hacia mi ventana. Quizás hizo un gesto, una mueca o una sonrisa, que yo guardé como único tesoro durante los años de desasosiego siguientes, en los que pensé en él muchas veces. Lo recordé siempre montado en su bicicleta, el cabello sobre los ojos, la boca perfecta, los dientes blancos. Y era imposible no imaginarlo tocándome de nuevo, aunque fuera obligado e incómodo. Sentía sus dedos recorriendo mis pechos calientes y mi piel húmeda. Lo veía indefenso bajo mi peso, sin creer lo que ocurría, y yo, sufriendo espasmos que él no habría podido percibir.

Con esas sensaciones de placer se mezclaban otras que para mí era imposible descifrar, o llamarla por su nombre, porque no eran mías. Las había regalado junto con la angustia a esa otra parte de mí, que de cuando en vez aún se aparecía en los espejos para gritarme que era cobarde, que me engañaba a mí misma, que estaba jugando el mismo extraño juego de silencios con que mamá había sobrevivido a costa mía.

Pero yo intentaba convencerme de que esa angustia no era más que otra forma de olvidar a Enrique, por haberme hecho ver que era imposible. Que yo bien podría entregármele y amarlo, pero que él jamás lo haría. Y los temores volvían, y yo me aborrecía por haberle ofrecido mi cuerpo a alguien que jamás lo ansiaría. Lloraba con fuerza. La boca en la almohada para que mamá no me escuchara gritar y ahogarme. Gemía hacia adentro y me dolía el pecho. Me estrujaba las manos queriendo borrarles el recuerdo de aquel cuerpo que no tenía, y la oscuridad terrorífica del monstruo que aún me atacaba por las noches. Y me quedaba dormida con el recuerdo de Enrique en los párpados.

XXII

Lo dejé acercarse porque creí que podría ayudarme a olvidar. Sólo Alejandra lo sabía, y prometió no decir nada. Era difícil escapar de casa, pero dado que mamá sabía que estábamos entregando los trabajos de fin de curso, siempre existía una excusa para salir. Orlando me llevó a cenar, luego al cine. Ahí dejé que me besara. Pero no me gustó. Sentí que me introdujo algo caliente en la boca y quise apartarlo, pero estaba demasiado cerca. No pude recordar la película porque lloré todo el tiempo, sin que él lo notase. Salimos del cine y me propuso ir a un lugar donde se veían las luces de la ciudad. Pero yo tenía prisa. Temía que mamá enfureciera si no llegaba pronto, o si llamaba a tía Alma y se daba cuenta de que le había mentido. Pero a Orlando no le importaron mis excusas, y me llevó igual al sitio. Ahí me besó nuevamente con torpeza y sentí asco, porque su vehemencia y sus caricias arrebatadas me recordaron la oscuridad que latía en mi interior. Esa sensación de suciedad y odio que había logrado mantener oculta, porque hasta entonces a nadie había hablado de ella.

Volví a casa antes de las nueve. Esa noche soñé con un gigante aterrador que caía sobre mí como un inmenso cielo oscuro, que al contacto con mi carne se volvía un tenebroso océano de olas gigantes y negras, que batían mi cuerpo con violencia. Lograba escabullirme entre las aguas oscuras, deslizándome ágilmente hasta un punto donde la claridad del sol se filtraba. Pero una red me cerraba el paso. Intentaba huir, nadar en sentido contrario. Me enredaba en el tejido y era imposible mover un músculo. La asfixia se apoderaba lentamente de mí hasta morir.

XXIII

Orlando y yo seguimos saliendo, siempre a escondidas, siempre sintiendo el riesgo en cada esquina. Algunas veces nos acompañaron Francisco y Alejandra, pero la mayor parte del tiempo nos veíamos a solas. Eran citas al cine o a cenar. La mayoría de las veces terminábamos en una calle oscura dentro del auto de Orlando. Mi cuerpo se fue acostumbrando a sus caricias torpes, abandonándose sin misticismos de ningún tipo. Había perdido el miedo y remontado el abismo. Recuperé mi cuerpo usurpado, que hasta ahora no me había pertenecido. Las noches negras ya no caían sobre mí. Los ataques habían cesado. Pero mi cuerpo y mi conciencia habían quedado marcados. El odio inmenso hacia esa sombra, que durante varios años irrumpió en la oscuridad de mi habitación, para vaciar su aliento etílico en mi rostro y sus babas asquerosas en mi cuerpo, comenzaba a avivarse. Mi comprensión le dio la forma que nunca tuvo.

Tía Alma debió ver el coche estacionado en el parque y, aunque Alejandra me lo había prometido, cuando su madre le preguntó, se lo contó con detalles.

–Pobrecita de ti –le dijo tía Alma a mamá cuando la telefoneó para contarle lo que desde hacía tiempo era murmuración en el colegio y en el vecindario–, tan segura que estabas de que Paula era una santa. Pero ya decía yo que era mosquita muerta. Y tanto sacrificio que has hecho por ella. Has sido padre y madre. ¡Yo me muero si mi hija anda dando semejantes espectáculos en la calle!

Mamá se lo agradeció finalmente, porque era cuestión de dignidad, y no se le ocurrió pensar que el odio de tía Alma iba dirigido contra ella.

Y al volver ese día del colegio, mamá me estaba esperando en la sala y de una bofetada en el rostro me hizo tirar los cuadernos que llevaba bajo el brazo.

–¿Qué va a decir la gente? ¡Es una vergüenza! –me gritaba fuera de sí. Me obligó a subir a mi habitación, de donde no me dejó bajar en días. Mientras tanto me desesperaba pensando en que Orlando me estaría esperando, como siempre, en el parque a las tres y media, cuando yo lograba salir pretextando ir a hacer las tareas a la casa de Alejandra. Pero Orlando no volvió a buscarme. Tía Alma lo previno de que las muchachitas fáciles, como yo, podían meterlo en problemas y arruinarle su futuro de ingeniero.

XXIV

La utilización de la belleza y sus dones no es sólo una necesidad en la mujer, sino un deber en sí mismo.

Es un deber para aquellas que aún no han encontrado al hombre de sus sueños, y una necesidad para aquellas cuya función en la vida es asegurar la felicidad de los que la rodean: su familia. El más sencillo gesto de inclinarse sobre una cuna debe realizarse como el más perfecto acto de arte. La mujer debe encarnar la belleza más grandiosa que sus posibilidades le permitan. Hacerlo de diferente forma consistiría en una negligencia imperdonable.

XXV

Encendí la luz y mis pies tocaron el suelo, pero no llegaron a sentirlo. Tampoco me importó pisar el agua fría, ni la ventana abierta que dejó filtrar la lluvia durante la madrugada. Hacía tiempos que no sentía mucho. Me miré al espejo detenidamente, como si se tratara de otra persona. Me examiné el rostro, los párpados, el iris, las comisuras de la boca, el vello en la frente, las cejas y su alineación, las diminutas arrugas alrededor de los ojos, los poros abiertos, las pestañas inferiores, los dientes y sus bordes. Introduje un espejo en mi boca, que se empañó de inmediato. Confirmé que me extraviaba en esos rasgos.

Me miré despacio y, con los dedos unidos, recorrí palmo a palmo mi rostro pálido. Mi mano grasa tocó el espejo, como intentando comprobar si había alguien detrás de él. Mis dedos dibujaron huellas de empaño que borré de inmediato con el revés de la mano. Mi rostro dibujó una mueca que bien pudo ser una sonrisa. Me había transformado en ella.

XXVI

Esperé en el coche mientras él se ausentaba. Habría deseado salir del auto y correr para pedir que alguien me llevara en sentido contrario, pero era tarde. El cuerpo me temblaba. Debían ser los tragos o los cigarrillos. Era tanto que comprendía que mi voluntad no diera para mucho. Lo vi volver por el espejo retrovisor y me pasé las manos por el rostro. Qué más daba correrme el maquillaje si ya tenía *lipstick* por todo el cuerpo. Me abotoné la blusa y el auto arrancó sin darme tiempo para abrochar el cinturón de seguridad.

Ese hombre que había conocido horas antes, me dijo que estaba de paso por la ciudad, que se marchaba en dos o tres días y que deseaba que alguien se la mostrara. Y a mí no me importó que mintiera. Le conversé de todo, al tiempo que encendía un cigarrillo tras otro. Me llevó a un bar donde después de la media noche ponían música de la que se bailaba abrazados. Ahí me besó sin tocarme, apenas rozándome los labios, y yo no opuse resistencia porque quería que me besara así, sin saber quién era. Sin tener que preguntarle si iba en serio o si era un juego. Si iba a amarme o sólo a usarme. Me dejé arrastrar a la salida, mientras me apretaba con fuerza. De ahí al motel había diez cuadras.

Más tarde, desnuda junto a él, pensé que la virginidad perdida hacía mucho y sin saber en qué momento, no era gran cosa. Que no servía de nada. Era mejor hacerlo así, con cualquiera, sin sangrar; porque así me liberaba de siete mil palabras de miedo y once mil intimidaciones maternas.

Lo vi despertar y sonreírme. Encendió un cigarrillo. Lo dejó sobre el pequeño cenicero de la mesa de noche y volvió a acariciar mi cuerpo. Comprobé aliviada, como tantas otras veces, que no había en mi interior ni un dejo de arrepentimiento. Lo besé sin pasión, ésta se había transformado en soledad.

XXVII

Debí casarme. Era mi destino. Ser rescatada por un hombre que quisiera amarme y hacerse cargo de mí. Debí empacar una maleta de consejos para merecerlo, y otra de amenazas para no quedarme sola. Porque la soledad, según mamá, era el castigo que caía sobre la cabeza de las hijas rebeldes. Y eso era peor que la lepra.

Ella, como buena madre, se había encargado de heredarme sus miedos, sus complejos, la sensación de indefensión e inseguridad, el odio por mí misma. De esta forma evitaba que la hija anduviera en malos pasos y pusiera en tela de juicio la educación recibida. Porque su honorabilidad, otrora manchada y pisoteada por su locura, dependía ahora de mí. De mí que no podía ni con mi vida.

Pudo haber sido perfecto. Una casa linda, un marido amoroso, ropa de moda, viajes al extranjero. Después los hijos. Varios con certeza, porque (según mamá) los anticonceptivos eran pecado y causaban infertilidad. Debía de cuidar de ellos con ternura. Ahí dejaría la vida. Ése sería mi papel, el único.

Debía de sacrificar mi vida por la familia y por sus deseos. Serían sus logros los que importarían y sus vidas las que valdrían la pena. Nunca la mía. Porque mi vida no tendría valor alguno más que en función de los otros.

Tampoco diría nada cuando, luego de años de sexo rutinario y frases vacías, mi marido llegara tarde sin excusa, pretextando haber estado en la oficina o haberse ido por ahí por unos tragos. Porque el jueves sería el día que él dedicaría a trasnochar con sus amigos. Yo debería entonces ser comprensiva a sus presiones y apoyarlo en todo.

Debería también creerme feliz, porque por fin habría logrado ser como mamá y los demás esperaban que fuera: una mujer decente. Eso sería la felicidad para mí. Una felicidad sencilla. No habría más que recortar sobre la línea punteada. Nada habría que pudiera salir mal. Innovar en esa vida artificial sería inútil. Ese molde preaprobado por los cuerdos, por "la gente como uno", me causaría ampollas al principio, pero terminaría por amoldar mi cuerpo y mi alma. Así transcurrirían mis días, silenciosos e infecundos, sin matices fuertes, sin altos ni bajos.

Evitaría pensar en todo lo que podría haber sido y no fui. Y cuando sintiera una lágrima a punto de escapar, me la limpiaría con el dorso de la mano, en uno de cuyos dedos brillaría un anillo de matrimonio. Y la mera existencia de ese objeto, debería bastar para hacerme feliz.

Y para vaciar mi corazón de la frustración, conversaría con otras esposas, madres, mujeres como yo. Criticaría a quienes siguieran libres. Las llamaría solteronas, egoístas, raras, por no haber aceptado regalar su vida, y usarla a conveniencia propia con descaro. Diría entonces que no son verdaderas mujeres porque no se han realizado en el matrimonio ni en la maternidad. Y yo me palmearía en la espalda por los sacrificios hechos para que otros fueran felices.

Pero una noche, a los cincuenta y tantos años, cuando mamá hubiera muerto y mis hijos se hubieran marchado, despertaría y vería a mi marido recostado junto a mí, respirando tan fuerte que me sería imposible volver a conciliar el sueño, y lo odiaría. Me encerraría en el baño, me lavaría los dientes, y al verme al espejo, me encontraría nuevamente con María. Esa parte de mí que siempre quise y nunca pude ser. Esa que para mamá era indicio de locura, pero que para mí fue un futuro truncado. Me preguntaría si había valido la pena y no tendría respuesta.

Intentaría convencerme de que había vivido sólo las cosas que pude, porque el repollo estaba caro, porque la luz la cortaban a diario o porque mi marido tenía una cena de trabajo, y el agua purificada se había terminado. Entonces la felicidad sencilla me habría costado muy cara, y me daría cuenta de que mamá había hipotecado mi vida a bajo precio para saldar las deudas con su vida y la sociedad. Pero sería muy tarde, y descubriría que la única salida al dolor era enloquecer, como lo hice.

XXVIII

–Mírame de frente –me dijo, pero se me cayeron los párpados como si un enorme peso los cerrara.

–¿Hace cuánto estás aquí? –quiso saber el hombre que me hería los ojos con la luz de una inmensa linterna de mano y llevaba un fuste en la otra. Pero el tiempo no había transcurrido desde que abandoné la casa de mamá, y me interné en una ciudad oscura en la que de inmediato me sentí perdida. Me vi sucia y andrajosa. Sentí hambre y frío. Pero lo que más me desconcertó fue esa extraña viscosidad metálica que se pegaba a mi cuerpo.

–Debes estar drogada o borracha. ¿Cómo entraste? Estás llena de sangre. ¿Rompiste alguna ventana? Si es así vas a pagarme los daños.

Y la voz comenzó a esfumarse, convirtiéndose en un retumbo lejano en la parte posterior de mi cabeza, como si un aparato de radio que se quedaba fatigosamente sin baterías, lo estuviera emitiendo.

XXIX

Las noches pasaban turbulentas y sin reposo. El insomnio me consumía, y yo no podía más que evadirme de mí misma. Así descubrí que era posible sacar el dolor por las heridas del cuerpo.

Una madrugada, cuando aún estaba oscuro y el frío era penetrante, escuché que alguien quitaba llave a la puerta de entrada y la azotaba. Mamá se levantó de prisa, sin tiempo apenas para cubrirse con una bata, y bajó las gradas apresurada. Yo esperé atenta a cualquier ruido, pero no escuché más que murmullos. Me deslicé por el pasillo hasta asomarme por las escaleras. Abajo, la luz de la sala iluminaba dos siluetas de forma tenue. Mamá gemía, se quejaba de mí, de la mala suerte por la hija que había parido. Pedía ayuda, necesitaba dinero. Escuché una voz embriagada. La misma que durante muchas noches me aterrorizó y susurró a mi oído obscenidades, causándome dolores y tormentos. Pude verlo intentando desvestir a mamá con sus manos torpes, al tiempo que ésta le susurraba que yo estaba en casa y podía bajar en cualquier momento. Pero a él pareció no importarle.

Jamás podré decir de qué manera llegó el cuchillo a mis manos. Durante el juicio juré que había sido María la que me lo había dado, asegurándome que había llegado el momento de vengarme.

Huí de casa con los gritos de mamá enclavados en la cabeza y la sangre de aquel hombre adherida a mi cuerpo. Debí vagar durante días sin rumbo, hasta que me encontraron delirante en un edificio abandonado.

Mi encierro duró años. Al salir descubrí que la vida había seguido de largo sin esperarme. La casa de la abuela fue tirada abajo y en su lugar construyeron un centro comercial. El bullicio y el tiempo desecharon todo rastro de nuestro pasado.

XXX

Asilo Santo Tomás. Octubre 29. Lo sabías, ¿no es así, mamá? Yo debí decírtelo varias veces y tú seguramente me llamaste mentirosa. Era mejor callar, ¿no es cierto? Porque el silencio borra la deshonra, pero no el dolor, mamá. Éste se diluye y se transforma en otra cosa, en algo sólido que por las noches asoma la garganta sin poder vomitarlo y consume por dentro como un veneno.

Pero tú has sido siempre experta en ocultar secretos. Cuánta razón tenía María cuando susurraba que el ático de tu vida estaba lleno de historias aberrantes, de ancianas empobrecidas, encerradas en asilos, hijas vendidas que luchaban por escapar y diarios viejos.

A veces siento pena por ti. Debió ser terrible tener que cargar con todo ese peso en la conciencia. Y cuando ya no pudiste soportarlo, me lo legaste a mí, tu única hija. Por eso veía fantasmas por las noches, sombras que tú misma dejabas entrar por la puerta de enfrente y, luego de servirles un trago en la sala, las dejabas subir hasta mi habitación.

¿Lo hacías por dinero mamá? ¿O por amor? Porque para ti eran lo mismo. Nunca nos faltó nada, siempre fuiste ingeniosa y hasta inescrupulosa para proveernos de las cosas materiales. Nunca faltó la revista mensual, ni los figurines con que formé una fantástica personalidad de moda y escándalo, y leí sobre ciudades que jamás conocería, pero tú sí. Tú sí fuiste a Nueva York.

¿Te atravesabas la calle para cobrar la mensualidad o te la dejaba disimuladamente bajo la puerta? ¿Se dio cuenta tía Alma? ¿O lo supo siempre? Quizás algún día podrás dejar de venderte y venderme.

No mamá, no me tengas miedo. Puedes venir a visitarme. No me he convertido en una loca peligrosa. Todavía tengo un dejo de cordura para darme cuenta de que tendría que matarte ochenta veces, y quizás ni así lograría aliviarme. Tú dime, ¿cómo lo consigues? Antes creía en el pecado. Hoy no creo en nada. Soy como estas paredes blancas. Lo único que no encaja es la pequeña ventana enrejada, muy elevada del piso, que deja filtrar la luz y pequeños retazos de nuestra vida. Soy muy joven para un asilo, y tú demasiado cobarde para un manicomio.

No, no tuve nada que ver con su muerte. Fue María. Lo he repetido muchas veces. Supongo que tío Alberto comenzó por visitarte a ti por las noches, pero pronto no fuiste suficiente. Te pusiste vieja y deseó cuerpos más jóvenes, y tú le habrás ofrecido el mío. O él lo tomó. Da igual.

Yo no logré escapar. Siempre tan aterrada, siempre obediente. Habría preferido olvidarlo todo antes de condenarte. Por ello su sombra se convirtió en un espectro que aparecía en mis sueños, en mis primeros besos, en mis placeres solitarios, en las decenas de camas compartidas.

Dime mamá, ¿qué te dio el tío a cambio? ¿El viaje a Nueva York? ¿Tus vestidos? ¿Nada?

Yo en cambio, mamá, recibí sombras que deambulaban intermitentemente por la casa haciendo un ruido infernal de llaves perdidas. Porque eso éramos, mamá, puertas de cerraduras huérfanas que para ser abiertas debían ser tiradas abajo, y tío Alberto lo hizo. Y ya sé, debemos estarle agradecidas.

Me gustó ver el miedo en tus ojos. Entonces volví a quererte. Verlo a él buscar refugio en ti, detrás de tu cuerpo semidesnudo, y a ti dárselo como dejaste de hacer conmigo.

Hoy venía en el periódico la foto de la boda de Alejandra. ¡Qué bonita se veía con su tocado y el vestido amplísimo de chifón! Pero el novio no es guapo, y se ve que no es de buena familia. Junto a ellos aparece tía Alma. ¡Pero qué mal se mira! Claro, ahora que es viuda, sólo le alcanzó para casar a la hija con un pobretón. Tuvo suerte, tomando en cuenta el escándalo del padre, y que ahora son pobres.

No te preocupes, mamá, en cuanto salga de aquí iré a verte.

Con cariño, Paula.

XXXI

"La santidad se alcanza cumpliendo los manda-
mientos: honrarás a padre y madre", eso lo sabía,
pero también sabía que existían muchas formas
de honrarlos. La mía fue la locura. Ese gran silencio interior, un hoy que separa el tiempo en
carne y espíritu, y nos convierte en un universo
visto desde billones de años luz: donde lo que
se ve hoy, ya no existe. Donde los locos se con-
vierten en anónimos sin rostro ni presente, porque el ahora es imposible de ver. Ahí únicamente
importa el pasado.

No tuve la suerte de nacer aséptica. Por eso
mi vida fue una constante infección que nadie
pudo detener. Sólo María fue capaz de darse
cuenta, pero no quise lo que ella impulsaba. Yo
deseé pasar por la vida como una anónima más,
y no esta blancura que penetra por las retinas e
invade el cerebro.

Vivía contenta engañando al mundo con mi
aspecto de Virgen y santidad, pero el mundo es
cruel hasta con los locos. El dolor es lo único
que los ata al mundo y a su ritmo. El dolor es el

sentido más importante para la vida, y terminó por destruirme.

En el asilo nada me pertenecía, ni siquiera mis pensamientos. Por eso fue mejor dejarlos salir volando por mi boca. Llegaban a dolerme los labios de tantos picotazos y rozaduras. Debió ser la falta de costumbre. Los pensamientos tenían las uñas afiladas. Me daban miedo los oscuros, casi azules y brillantes al reflejo del sol. Volvían siempre y escarbaban en mí para ver si habían dejado algo adentro. Yo trataba de espantarlos con alguna revista o con lo que tuviera a la mano, pero eran insistentes. Les gustaba ver el reflejo de mis dientes, al tiempo que los picoteaban porque creían que en mi boca había otro igual a ellos. No entendían que eran ellos mismos mirándose desde fuera.

En los primeros años en el hospital aún podía ver a María volando libre. Lograba colarse entre los barrotes de mi cuarto, como si estuviera hecha de vapor de agua hirviendo. Entraba y salía a su antojo. Se aparecía sin darme cuenta. Se sentaba junto a mí en una esquina de la cama, me despertaba en mitad de la noche, y reía al oírme gritar de espanto. Entonces me proponía huir, marcharnos lejos, dejarlo todo, soltar la vida. Y aunque su oferta era tentadora, mi locura no reñía con la vida, sino con la falta de libertad.

María decía que yo vivía llena de miedos, que una vida así no valía la pena ser vivida, pero ¿de qué otra cosa se construye la vida, sino de miedos?

Mamá no hizo más que estorbar a María, y mamá lo sabía. Por eso la aborrecía. María no la necesitaba como yo. Ella nunca le pidió que la abrazara cuando las cosas no iban. Para ella mamá era prescindible. Igual habría podido morir en cualquier momento y María se habría quedado mirando las uñas como si nada. Eso era lo imperdonable. Mamá la odiaba, y María también la odiaba a ella.

María comenzó a morir una tarde de agosto, cuando las lluvias caían despacio, después del mediodía. Entonces, encerrada en mi habitación por temor a ser fulminada por un rayo, me atreví a mirarme al espejo después de tantos años. Me vi y era ella. Éramos una. No dos, la misma.

También vi en sus ojos, que eran los míos, el miedo terrible de saberse inexistente. Sólo entonces sintió miedo. Los pedazos esparcidos se reunieron en una sola persona, pegados igual que un espejo roto, nunca uno, jamás el mismo. Su rostro se fue perdiendo en mi memoria, hasta que la soledad se hizo patente y el encierro dejó de ser necesario.

XXXII

Paso revista a los recuerdos y a las fotos que al dejar el asilo me fueron entregadas con las cosas de mamá y las mías, y me doy cuenta de que apenas me reconozco. Ahora tengo la nariz afilada, la piel reseca, los ojos sin luz, los labios retraídos. Debe ser por el efecto de los años y el encierro. He sido varias, he sido otras a quienes he dado nombre y rostro. Otras que han luchado por escapar de lo que yo no pude. ¿Y de qué sirvió? ¿Para qué sirve tanto sufrimiento, si siempre quedan piezas faltantes en el rompecabezas de la carne y el alma?

Mamá murió hace un año confinada al asilo. Enloquecida de vejez y de derrota. Conversamos muy poco las últimas veces, siempre sobre cosas irrelevantes. Ella insistía en recordar únicamente aquellas cosas que le parecían adecuadas. Mamá era así, un borrador de la memoria y un marcador del dolor.

Tras su muerte, recuperé unas cuantas cosas de la abuela y algunas fotografías de mamá cuando era joven. Su rostro era hermoso. Tenía brillo en los ojos. Ella también soñaba. Pero en algún momento dejó de hacerlo. Es una suerte que yo la haya sobrevivido para contar su historia.